はじめてのストウブ

みないきぬこ

素材別
シンプルおいしい
レシピ

池田書店

はじめに

「料理がおいしく作れるって聞いたから」「色や形がステキだから」
など、ストウブを手に取るきっかけは、いろいろでしょう。

でも、ストウブの使い方がよくわからなかったり、
おもてなし料理に使うイメージがある人も多いのでは？
そうして、だんだんと日常使いから遠のいて、
戸棚の奥にしまい込み、取り出すのが面倒に……
なんていうことになってしまいがちです。

ストウブの最大の魅力は、素材の持ち味をいかしてくれるところ。
シンプルな料理こそ、その力は発揮されます。
食材をポンと入れて、ちょっとした使い方のコツさえ押さえれば、
素材の甘みや旨みが存分に引き出された、絶品のおかずやごはんができあがるのです。

たとえばキッチンに玉ねぎが１個あったなら、
厚めの輪切りにして、油をしいて熱したストウブに並べ、
ふたをして動かさずにじっくりと、両面こんがり焼きます。
そして、玉ねぎの芯までじわーっと火が通り、甘く、ほくほくになったところに、
しょうゆとおかかをちょこっとかければ、それだけでもう、ごちそうです！
これなら、毎日の料理にストウブを活用することができますね。

この本では、そんなふうにストウブを使ってほしくて、
素材別に、できるだけシンプルに作れるよう工夫したレシピを紹介しています。
また、サイズは小まわりがきいて、ある程度の容量があって、
いちばん使いやすいと思う、ピコ・ココットのラウンド 18 ㎝を使用しています。
（ラウンド 20 ㎝でも同じレシピで作れます。）
手間ひまをかけなくても、
ストウブが素材をおいしい料理に変身させてくれる……
この楽しさを知ったら、きっとストウブのないごはん作りなんて、考えられなくなるはずです。
さあ、おうちにある野菜やお肉、お魚で、さっそく一品、作ってみませんか？

もくじ

PART 1
野菜のレシピ

まずはこれから！　ストウブで作る“野菜料理”の基本

おなじみの“野菜で”作る“素材別”一押しレシピ

PART 2
肉のレシピ

まずはこれから！　ストウブで作る“肉料理”の基本

PART 4
ごはんのレシピ

PART 5
豆のレシピ

鍋はストウブ社製「ピコ・ココット」ラウンド 18 cmを使用しています。同じレシピで、ラウンド 20 cmでも作ることができます。本書では「ピコ・ココット」を「ストウブ」と表記しています。

この本で掲載している鍋は 2012 年 8 月 15 日現在のものです。鍋のサイズやカラーなどは変更される場合があります。

1 カップは 200 mℓ、1 合は 180 mℓ、大さじ 1 は 15 mℓ、小さじ 1 は 5 mℓです。

電子レンジは 600W のものを使用しています。

調理時間は目安です。お使いの道具や食材の状態により仕上がりが異なる場合がありますので、様子をみながら加減してください。

しょうゆは濃口しょうゆ、みそは米麹みそ、小麦粉は薄力粉、砂糖はとくに表記のない場合、上白糖を使用しています。

ストウブって、どんな鍋なのでしょう？

ストウブは、厚みのある
鋳物ホウロウの鍋です。
さらに、鍋の内側やふたの裏側に
ストウブ独自の加工がしてあるため、
ストウブならではの素材のおいしさを
引き出す調理が可能になります。

重量感あるふたで蒸気を逃がさない

ストウブのふたは、厚く、重みがあります。そのため、ふたをして加熱すると、水蒸気が逃げにくく、余分な水分を加えなくてもストウブの中は蒸し焼き状態に。熱が均一に食材に伝わり、形崩れせずにおいしく仕上がります。

ふた裏の突起で食材の水分をいかした調理が可能に

ふたの裏には「ピコ」という突起がついています。ふたをして加熱すると、ストウブの中に閉じ込められた水蒸気がピコを伝ってしずくになり、食材にふりかかるため、しっとり、ふっくらの仕上がりに。さらに、この水蒸気には食材の旨みや栄養系が詰まっているため、おいしさを逃がさず料理ができるというわけです。

直火、IH、オーブンなど幅広い熱源で使えます

コンロの火はもちろん、IH調理器（100v、200v）、ハロゲンヒーターにも使えます（電子レンジは不可）。また、オーブンにも入れられるので、器のように使って、食卓にそのまま出してもおしゃれです。

おいしそうな焼き色がつき焦げつきにくい内側の加工

ストウブの内側には、「黒マットエマイユ加工」が施されています。これはホウロウを吹きつけて焼成する過程を3度繰り返し、最後にザラザラにする加工。食材との接点が減るため、焼きつけても焦げつきにくくなります。最初は中性洗剤で洗って乾かし、油をぬって熱し、冷ましてから使いましょう。使い込むほどに、焦げつきにくい、使いやすい鍋に成長します。

厚い鋳鉄が熱をムラなく伝えてしっかり保温

抜群の熱伝導を誇り、厚みのあるストウブは、一度温まるとなかなか冷めず、鍋全体に熱が均一にまわります。そのため、火力は弱火から中火で十分（p.126参照）。食材への火の伝わり方が偏らず、さまざまな調理法で食材がふっくらと仕上がります。また、火を止めても冷めにくいため、余熱調理ができるのも特徴です。

PART 1 野菜のレシピ

ストウブを手にしたら、
まず作ってみてほしいのが野菜の料理です。
野菜のもつ水分を最大限にいかすから、
甘くギューッと旨みの詰まった仕上がりに。
きっと、「野菜の味って、こんなに濃かったんだ」と、
驚くはずです。

まずはこれから！

ストウブで作る“野菜料理”の基本

野菜のおいしさを引き出すために、
まずは「焼く」「蒸す」「ゆでる・煮る」を
マスターしましょう。これさえできれば、
いろいろな野菜を使って
ストウブ料理を楽しめるようになりますよ！

基本 1

焼く

焼く、といっても、表面をサッと焼くのではありません。
ふたをして待つこと数分。ストウブならではの熱と水分を
逃がさない構造で、外は香ばしく、中はほっくりと仕上げます。

1 熱したストウブに野菜を入れる

油を敷いたストウブを中火で熱し、鍋底が十分に温まったら野菜を入れます。すぐにふたをして熱を逃がさないようにし、蒸し焼きにします。ストウブの中でパチパチと響く焼き音もおいしさのうち。

2 焼き色がついたら裏返してさらに焼く

香ばしい香りがしてきたら、焼き色がついたサイン。おいしそうな色になっていたら、ひっくり返して、反対側も焼きます。野菜の水分を逃がさないよう、すぐにふたをしましょう。

3 甘く香ばしい香りがしたら完成

表側よりも少し長めに、じっくりと火を通します。香ばしい香りの中に、野菜の甘い香りが加わったら焼き上がり。

焼きキャベツ

材料（2人分）

キャベツ …… ¼個
ベーコン …… 2枚
A
- イタリアンパセリ …… 1枝
- オリーブオイル …… 大さじ2
- 粒マスタード …… 大さじ½
- 塩 …… 小さじ⅓
- 粗びきこしょう …… 少々

オリーブオイル …… 小さじ2

作り方

1. キャベツは芯を残したまま半分に切る。ベーコンは1.5㎝幅に切る。

2. パセリはみじん切りにし、残りのAと合わせておく。

3. ストウブにオリーブオイル小さじ2を入れて中火で熱し、キャベツを並べ入れる。2～3分して焼き色がついたら裏返し、ベーコンを加えてふたをする。

4. そのまま3～4分蒸し焼きにする。器に盛り、合わせたAを添える。

アドバイス 玉ねぎステーキ（p.20）やトマトステーキ（p.24）も、この調理法。ズッキーニやなすもおすすめです。

基本 2

蒸す

ストウブに、ほんの少しの水分と野菜を入れて火にかけます。
充満した高温の水蒸気が野菜の旨みを逃がさず蒸し上げ、
短時間で仕上がるので色もきれいに。

1 野菜と少量の水を入れて火をつける

ストウブに野菜と少量の水を入れ、中火にかけます。水の量は野菜によって変わります。にんじんラペ（下記参照）の場合は大さじ½が目安。

2 水が沸騰したら一度混ぜる

水がフツフツとしてきたら、熱の通りが均等になるよう、全体を軽く混ぜます。

3 ふたをして余熱で火を通す

ふたをしてから野菜によって数分加熱して火を止め、余熱で火を通します。にんじんラペのにんじんは、薄く火が通りやすいので、ふたをしてすぐに火を止めてOK。

にんじんラペ

材料（2人分）

にんじん …… 1本

A
- オリーブオイル …… 大さじ1
- レモン汁 …… 大さじ1
- はちみつ …… 小さじ½
- 塩 …… 小さじ⅓

イタリアンパセリ、くるみ（各粗みじん切り）…… 各適量

作り方

1. にんじんは皮をむき、ピーラーでリボン状にする。最後の芯は包丁で薄切りにする。
2. ストウブに**1**と水大さじ½（分量外）を入れ、ふたをして中火にかける。
3. フツフツとしてきたら全体を混ぜてふたをし、火を止めて1分蒸らす。
4. Aを合わせてまわしかけ、パセリ、くるみを加えて和える。

アドバイス | ブロッコリー（p.17）やズッキーニ（p.22）、フレッシュな豆（p.28）もこの調理法がぴったり。水分の多い野菜は水を加えなくても。

基本 3

ゆでる 煮る

保温力の高いストウブでゆでると、食材に熱が均一にまわり、ほっくりとした仕上がりに。ふたをすると水分の蒸発が減るため、ゆで汁や煮汁が少なくすみ、野菜の旨みがしっかり残ります。

1 大根は一度ゆでこぼす

くさみがあり味のしみにくい大根は、だしで煮る前に下ゆでします。かぶるくらいの水でゆでこぼしましょう。

2 ひたひたの煮汁を入れて火にかける

ゆでこぼした大根をストウブに戻し入れ、煮汁を加えます。大根が出ていても、火にかけるとフツフツとして上まで煮汁がまわるのでOK。

3 ふたをしてコトコト煮る

煮汁がフツフツとしたら、ふたをして弱火でコトコト煮ます。やわらかくなったら火を止め、少し置き、余熱で中まで味を含ませます。

ふろふき大根

材料（2人分）

大根 …… 12㎝

A
- ゆずこしょう …… 小さじ1
- 白みそ …… 大さじ1
- 薄口しょうゆ …… 小さじ1
- だし汁 …… 大さじ1

だし汁 …… 1カップ

作り方

1. 大根は皮をむき、3㎝幅の輪切りにする。Aは合わせておく。

2. ストウブに大根と水2カップ（分量外）を入れて中火にかけ、沸いたら弱火にし、10分ゆでる。湯を捨て、大根を流水で洗う。

3. ストウブにだし汁、**2**の大根を入れて中火にかけ、フツフツとしてきたらふたをして弱火で20分煮る。火を止めて5分ほど置く。

4. 器に盛り、合わせたAをかける。

アドバイス かぶもこの調理法がぴったり。大根よりも火が通りやすいので、竹串でやわらかさをチェックして煮えすぎに注意しましょう。

おなじみの“野菜で”作る “素材別”一押しレシピ

野菜のおいしさを引き出す
ストウブの料理方法を覚えたら、
いろいろな野菜で作ってみましょう。
身近な野菜を、シンプルにおいしくいただける、
おすすめレシピを紹介します。

ブロッコリーとカリフラワーのナムル

こんなシンプルな野菜料理こそ、ストウブが実力を発揮！
少しの水でほっくり蒸し上げ、旨みをギュッと閉じ込めます。
熱いうちに調味料で和え、にんにくの辛みをとばすのがコツ。

蒸す

材料（2人分）

ブロッコリー、カリフラワー…… 各$\frac{1}{2}$個

A
- にんにく（すりおろし）…… 小さじ$\frac{1}{2}$
- ごま油、白すりごま…… 各大さじ1
- 塩 …… 小さじ$\frac{2}{3}$
- 粗びきこしょう …… 少々

作り方

1. ブロッコリー、カリフラワーは小房に分ける。Aは合わせておく。

2. ストウブにカリフラワーと水$\frac{1}{4}$カップ（分量外）を入れて中火にかける。フツフツとしてきたらふたをして2分ほど蒸す。

3. ブロッコリーを加えて全体を混ぜ、ふたをしてさらに2分蒸す。

4. ブロッコリーとカリフラワーをボウルに取り出して、合わせたAを加えて全体をよく混ぜる。

これもおすすめ

ブロッコリーとカリフラワーのレシピ

カリフラワーのホットサラダ

小房に分けたカリフラワー、細切りにした長ねぎ、コンビーフをストウブに入れてほくほくに蒸します。熱いうちに、ドレッシング（オリーブオイル、酢、はちみつ、粒マスタード、塩）で和え、味をなじませます。

ブロッコリーのくたくたスープ

小房に分けたブロッコリーを少量のブイヨンスープなどで旨みを逃がさないように、蒸し煮にします。木べらなどで細かくつぶしたら、牛乳、生クリームを注ぎ入れて塩で味をととのえ、ソーセージを丸ごと加えてひと煮立ちさせればできあがり。

かぼちゃの煮物

弱火でコトコト煮るので、かぼちゃがふっくらやわらかに。
だし汁と調味料は最初に合わせておくと、煮崩れしにくくなります。
途中で水分が減ってきたら、だし汁を適宜プラスして。

煮る

材料（2人分）

かぼちゃ …… ¼個（正味260g）

A
- だし汁 …… ½カップ
- しょうゆ …… 小さじ1
- 砂糖 …… 小さじ1

作り方

1. かぼちゃは種を取り、皮を所々むき、面取りをする。Aは合わせておく。

2. ストウブに合わせたAと、皮を下にしてかぼちゃを入れ、中火にかける。

3. フツフツとしてきたらキッチンペーパーで落としぶたをして煮汁をまわしかける。

4. 弱火にしてふたをし、10分ほど煮る。火を止めて粗熱が取れるまでそのまま10分ほど置く。

落としぶたをしたところ。重いふたが蒸発を抑えるので、少なめの煮汁でOKです。

これもおすすめ
かぼちゃのレシピ

焼きかぼちゃのサラダ

かぼちゃを適当な大きさに切ってストウブに入れ、ふたをして蒸し焼きにします（このまま塩をふっても美味）。粗熱が取れたらフォークで粗くつぶし、きゅうり、ハム、マヨネーズ、レモン汁等を加えたサラダに。ゆでるより、かぼちゃの味がぐっと濃くなります。

玉ねぎステーキ

野菜ひとつで手軽にごちそうが作れるのが、ストウブの魅力。
蒸し焼きにすることで、玉ねぎの辛みが甘みに変わります。
しょうゆとかつお節のシンプルな和風味で食べるのがおすすめ。

蒸す　焼く

材料（2人分）

玉ねぎ …… 小1個
オリーブオイル …… 小さじ1
しょうゆ、かつお節 …… 各適量

作り方

1. 玉ねぎは皮をむいて天地を落とし、4等分の輪切りにする。両面に格子状に切り込みを入れる。

2. ストウブにオリーブオイルを入れて中火で熱し、玉ねぎを入れる。ふたをして1分ほど蒸す。

3. 玉ねぎを裏返し、1分ほど焼きつけたら、しょうゆをまわしかけ、火を止める。かつお節をふる。

これもおすすめ

玉ねぎのレシピ

まるごと玉ねぎのスープ

ストウブにパン粉と粗びきこしょうを入れてカリカリパン粉を作って取り出し、粗熱が取れたら粉チーズと合わせておきます。玉ねぎの皮をむき、十字に切り込みを入れてストウブに入れ、トマトのみじん切り、ベーコンをのせてチキンスープと塩でコトコト煮込みます。仕上げにチーズパン粉をふってふたをして火を止め、余熱でチーズを溶かします。器に盛り、パセリを散らします。

ホットオニオンサラダ

熱したストウブに薄切りの玉ねぎを入れてふたをして火を止め、余熱で少し火を通します。取り出して、ポン酢、かつお節、七味唐辛子、しその千切りなどをふりかけて。玉ねぎの辛みがとんで食べやすくなります。

STAUB

ズッキーニのミントサラダ

とろんとやわらかくなるまで蒸したズッキーニの食感が新鮮！
口に入れると、ツナの旨みがじんわり広がり、ミントの香りでスッキリ。
好みで粉チーズをふってもおいしい。

蒸す

材料（2人分）

ズッキーニ …… 1～2本
ツナオイル漬け（缶詰）
…… 小½缶（40ｇ）

A
- ミント …… 4～5枚
- オリーブオイル …… 大さじ1
- レモン汁 …… 大さじ½
- 塩 …… 小さじ⅓
- はちみつ …… 小さじ1
- 粗びきこしょう …… 少々

作り方

1. ズッキーニは1㎝幅の輪切りにし、さっと洗う。ミントはちぎって残りのAと合わせておく。

2. ストウブにズッキーニ、ツナを入れてふたをして中火にかける。 3分ほどしてクツクツと音がしてきたら弱火にし、7分ほど蒸す。

3. 火を止めて、合わせたAをまわしかけて和え、器に盛る。

これもおすすめ
ズッキーニのレシピ

ズッキーニおでん
厚めの輪切りにしたズッキーニを少量のだし汁、みりん、しょうゆとともにストウブに入れ、とろとろにやわらかくなるまで煮ます。最後に粉チーズをふりかけ、和洋折衷の味に仕上げます。

トマトステーキ

じっくり焦げ目がつくまで焼くと、トマトの甘みが倍増！
にんにくとハーブの香りもぐっと食欲をそそります。
ほかに、なすやズッキーニでも同様に作れるのでお試しを。

焼く　蒸す

材料（2人分）

トマト …… 2個
にんにく …… ½片
オリーブオイル …… 大さじ1
ローズマリー …… 1本
塩、粗びきこしょう …… 各少々

作り方

1. トマトはへたを取り、横半分に切る。にんにくは薄切りにする。

2. ストウブにオリーブオイルを入れて中火で熱し、トマトの切り口を下にして入れる。2分ほどしたら裏返し、にんにく、ローズマリーを加えてふたをし、1分ほど蒸し焼きにする。火を止めてそのまま1分蒸らす。

3. 器に盛り、塩、こしょう、オリーブオイル（分量外）をふる。

これもおすすめ
トマトのレシピ

トマトの水分だけで煮込むトマトスープ

ストウブに刻んだトマト（完熟だとさらにおいしい）、塩、こしょう、好みでオリーブオイルを入れ、トマトから水分が出てスープのようになるまで、コトコト煮ます。水を一切加えないので、トマトの旨みが凝縮されます。

長ねぎのマリネ

焼いた長ねぎをはちみつ入りのマリネ液に漬けて仕上げます。
長ねぎに焦げ目がしっかりついたら、芯が甘くとろとろになった証拠。
細かい切り目を入れておくと、中まで味がよくしみ込みます。

焼く

材料（2人分）

長ねぎ …… 2本
A
- 白ワインビネガー …… 大さじ1
- 塩 …… 小さじ½
- はちみつ …… 小さじ1

オリーブオイル …… 小さじ2
イタリアンパセリ(みじん切り) …… 少々

作り方

1. 長ねぎは3～4等分に切る。全体に浅く切り込みを入れる。Aは合わせておく。

2. ストウブにオリーブオイルを入れて中火で熱し、長ねぎを入れる。

3. 焼き色がついたら裏返し、ふたをして1分ほどしたら火を止める。

4. 5分ほど置いたら合わせたAを加えてマリネする。器に盛り、パセリをふる。

アレンジ

コンビーフを加えてもおいしくできます。野菜メインの料理に肉や魚を加えたいときは、生の肉よりもコンビーフやベーコン、ハムなどの加工食品を加えるほうが、やさしい味わいになり、野菜本来のおいしさを引き立たせてくれます。

春豆の塩蒸し

旬の豆が手に入ったら、真っ先に作りたい季節の一品です。
甘みと香りを逃がさず蒸せるのも、密閉性に優れているからこそ。
これなら、たっぷりの豆もぺろりと食べられます。

蒸す

材料（2人分）

スナップエンドウ …… 80g
いんげん …… 80g
グリンピース（粒）…… 80g
塩 …… 小さじ½
バター、粗びきこしょう …… 各適量

作り方

1. スナップエンドウはへたを取る。いんげんはへたを取り、半分に切る。

2. ストウブに**1**とグリンピースを入れて、水大さじ2（分量外）、塩を加えて全体を混ぜ、中火にかける。

3. フツフツとしてきたら全体を混ぜ、ふたをして弱火で4〜5分加熱し、火を止める。

4. バターを加え、こしょうをふる。

蒸気が上がりはじめたら、ふたをします。少量の水でも蒸気が鍋いっぱいにまわり、豆の味が濃厚な塩蒸しに仕上がります。

これもおすすめ
豆のレシピ

たっぷりいんげんの煮びたし

ストウブにだし汁、しょうゆ、みりんを煮立て、いんげんをたっぷり入れて煮ます。くったりとやわらかくなったら、仕上げにベーコンのみじん切りを加えてさっと和えます。

アレンジ

空豆や絹さやなど、そのとき手に入る豆を加えても。空豆はほかの豆と一緒に加えてかまいませんが、絹さやはすぐに火が通るので、あとから時間差で加えます。

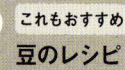

STAUB

揚げ焼きれんこん

揚げ焼き

少なめの油で手軽にできる揚げ焼きも、ストウブの得意ワザ。
熱が緩やかに伝わるおかげで、こんがりきれいなきつね色に。
にんにくと一緒に揚げて、れんこんに香りを移します。

材料（2人分）

れんこん …… 200g
にんにく（皮つきのまま）…… 3〜4片
サラダ油 …… ½カップ
山椒塩、からし、しょうゆなど好みの薬味 …… 各適量

作り方

1. れんこんは皮つきのままよく洗い、水気をよくふき取って半月切りにする。

2. ストウブに**1**とにんにく、サラダ油を入れて中火にかけ、シュワシュワとしてきたらそのまま5分加熱する。全体を混ぜてさら3〜4分ほど揚げ、きつね色になったら取り出す。好みで山椒塩などの薬味を添える。

油の量は、れんこん全体がつからなくてもひたひたになるくらいでOK。こんがりきつね色になったら写真のように裏返しましょう。

素材を変えて

れんこんの代わりにじゃがいもを使っても。春には新じゃがを使うのもおすすめです。ときどき転がしながら15〜20分じっくり加熱して、外側はカリッと、中はみずみずしくむっちりとしたおいしさに！

小松菜のさっと蒸し

水を加えずに小松菜そのものの水分で蒸すので、甘さはとびきり。
ゆでるよりも手軽にできて、あと一品というときにも重宝します。
水菜やレタス、ほうれん草などの葉野菜でもOK。

蒸す

材料（2人分）

小松菜 …… 200g
しょうが …… ½かけ
A［ごま油 …… 大さじ½
　 ポン酢 …… 大さじ2

作り方

1. 小松菜は洗って6㎝長さに切る。しょうがはせん切りにする。Aは合わせておく。

2. ストウブを中火にかけて熱し、**1**の小松菜としょうがを入れてふたをし、弱火にして4～5分加熱する。

3. 全体をよく混ぜ、火を止める。

4. 器に盛り、合わせたAをまわしかける。

これもおすすめ

青菜のレシピ

ほうれん草のおひたし

食べやすく切ったほうれん草をストウブに入れてふたをし、火にかけます。全体を混ぜて取り出し、水にさらしたらしょうゆとかつお節をふりかけて完成。ふつうのおひたしよりも手軽にできて、素材の味が濃厚に感じられます。

チンゲン菜のミルク煮

ストウブにカニ缶（缶汁ごと）と食べやすく切ったチンゲン菜を入れ、ふたをして火にかけます。しんなりしたら、牛乳を加えて塩で味をととのえます。中華だしを少し加えたり、仕上げにごま油をたらして風味づけをすると、中華風の一品に。

白菜とアンチョビのミルフィーユ蒸し

蒸す

白菜の水分だけで、くったりやわらかく仕上げた重ね蒸しです。
味つけはアンチョビの塩分のみで、調味料は必要ありません。
旨みがぎっしり詰まった蒸し汁も、最後まで残さずどうぞ！

材料（2人分）

白菜 …… ¼株
長ねぎ …… 1本
アンチョビ …… 50g
レモン（好みで）…… 適量

作り方

1. 白菜は軸と葉に分けてそれぞれストウブに入るよう半分に切る。長ねぎは縦4等分の6㎝長さに切る。アンチョビは粗く刻む。

2. ストウブに白菜の軸、長ねぎ、アンチョビ、白菜の葉の順に重ねる。これを2回繰り返す。

3. ふたをして中火にかけ、クツクツと音がしてきたら弱火にし、15分ほど加熱する。火を止めて1分ほど蒸らす。

4. 重ね蒸しを木べらで少し持ち上げて、ストウブの内側に当たらないように食べやすくキッチンバサミで切り、器に盛る。好みでレモンを添える。

これもおすすめ

白菜のレシピ

焼き白菜の卵とじ

油を敷いたストウブを熱し、白菜を入れてふたをし、弱火でじっくり蒸し焼きにします。塩をふって、溶き卵を流し入れてふたをし、余熱でとろっとした半熟状に。白菜の香ばしさが広がる一品です。

素材を変えて

白菜の代わりにキャベツを使ってもおいしくできます。加熱とともにかさが減るので、ストウブいっぱいに入れても大丈夫。上から手でぎゅっと押してふたをしましょう。

蒸しじゃが

じゃがいもは皮をむかずに丸ごと蒸すと、旨みが逃げません。
さらに、重いふたでしっかり蒸気を閉じ込めてほくほくの食感に。
里いもやさつまいもも、この方法で簡単に蒸すことができます。

蒸す

材料（3～4人分）

じゃがいも …… 4個
バター、塩（好みで） …… 各適量

作り方

1. じゃがいもは皮つきのままよく洗って、ストウブに入れる。

2. 水1カップ（分量外）を注いで中火にかけ、フツフツとしてきたらふたをして弱火で20～25分加熱する。

3. 食べやすく割って、好みでバター、塩などを添える。

これもおすすめ

じゃがいものレシピ

じゃがいものマスタード焼き

上記で作った蒸しじゃがいもの粗熱が取れたら輪切りにし、ストウブにオリーブオイル、刻んだベーコン、にんにくを入れて火にかけ、じゃがいもをソテーします。仕上げに粒マスタードとマヨネーズを加えてざっと炒め合わせます。

じゃがいもごろごろポタージュ

一口大に切ったじゃがいもをコンソメスープで煮ます。そのまま木べらなどでつぶし、牛乳、生クリームを加え、塩、こしょうで味をととのえます。

たっぷりきのこのペペロン風

炒めて蒸す

いろいろな種類のきのこをにんにくや唐辛子で香りよく炒めます。
冷めてもおいしいので、常備菜としても大活躍。
冷蔵庫で3〜4日保存できます。

材料（作りやすい分量）

エリンギ、しめじ、マッシュルームなど
　好みのきのこ …… 合わせて400g
にんにく …… ½片
オリーブオイル …… 大さじ2
赤唐辛子 …… 1本
しょうゆ …… 小さじ1
塩 …… 小さじ½
バゲット（好みで） …… 適量

作り方

1. きのこ類はいしづきを落とし、食べやすい大きさに切ったりほぐしたりする。にんにくは薄切りにする。

2. ストウブにオリーブオイル、にんにく、赤唐辛子を入れて中火にかけ、香りが立ったら**1**のきのこを加えて炒める。

3. 全体が混ざったらふたをして弱火にし、2分ほど加熱する。

4. しょうゆ、塩を加え、全体をよく混ぜる。好みでバゲットなどにのせていただく。

アレンジ

甘栗やくるみなどを加えても味のアクセントに。きのこを炒めたあとに酢じょうゆをまわし入れて味をからめ、そのまま冷まして和風マリネに。余熱で酢の酸味はとんで、まろやかな旨みだけが残ります。パスタやパンによく合います。

PART 2

肉のレシピ

熱がまんべんなくいきわたるストウブで作ると、
肉料理の仕上がりがやわらかくジューシーで、
かたまり肉や大きめに切った肉もふっくら。
保温性が抜群の鍋なので、
薄切り肉をさっと加熱して余熱で仕上げる
スピード調理にも向いています。

まずはこれから！

ストウブで作る“肉料理”の基本

肉をおいしく料理するには、
旨みを閉じ込めるのがポイント。
ストウブでおすすめなのは、
「ゆでる」「蒸す」「煮込む」料理です。
まずは豚肉、鶏肉、牛肉の、
シンプルな料理で調理法のコツを覚えましょう。

基本 1

ゆでる

かぶるくらいの湯で、ふたをしてゆでます。
ゆで汁に旨みが流れ出るのを最小限に抑えるから、
肉が味わいの濃い仕上がりに。

1 しっかり下味をつける

かたまり肉に多めの塩をすり込んで、下味をつけます。塩味が入って旨みが凝縮され、ゆでてそのままでもおいしくいただけます。

2 ふたをしてゆでる

肉の塩を洗い流してストウブに入れ、かぶるくらいの水とくさみ消しのハーブを加えて火にかけます。沸騰したらアクを取って弱火にし、ふたをして40分ほどゆでます。

3 途中でひっくり返す

熱の通りを均等にするため一度ひっくり返し、さらに30分ほどふたをしてゆでます。ふたをすると鍋の中が水蒸気で充満するので、湯の量が肉の高さより低くなっていてもOK。

ゆで塩豚

材料（作りやすい分量）

豚肩ロースブロック肉
…… 500g
粗塩 …… 大さじ1
ローリエ …… 1枚
黒粒こしょう
…… 小さじ½
白髪ねぎ …… 適量

作り方

1. 豚肉に塩をすり込んで半日から一晩冷蔵庫に置く。

2. **1**の豚肉をよく洗ってストウブに入れ、水3カップ（分量外）とローリエ、こしょうを加えて中火にかける。

3. フツフツとしたらアクを取り、弱火にしてふたを少しずらしてのせ、40分ゆでる。

4. 裏返して水1カップ（分量外）を足し、再度沸いたらずらしてふたをのせ、さらに30分ほどゆでる。

5. 火を止めてそのまま粗熱を取り、冷めたら食べやすく切って器に盛る。白髪ねぎを添える。

アドバイス 鶏もも肉で作ってもおいしい。その場合は、塩のもみ込み時間を15～20分、ゆで時間を40分ほどに。

ゆで塩豚をアレンジ 1

焼き塩豚

表面をカリッと焼いてソースを添えれば、おしゃれなひと皿に変身。
豚肉にしっかり味がついているから、ソースはごくシンプルに。
口いっぱいに広がるクレソンの香りとほろ苦さがたまりません。

材料（2人分）

p.43のゆで塩豚のスライス
…… 適量
クレソン …… 1束
A ┌ オリーブオイル
…… 大さじ1
└ 粗びきこしょう …… 少々

作り方

1. クレソンはさっとゆでてみじん切りにし、Aを加えてよく混ぜる。

2. フライパンを中火で熱し、ゆで塩豚を両面カリッとするまで焼き、取り出す。器に盛り、1のクレソンソースをかける。

ゆで塩豚をアレンジ 2

ブルスケッタ

やわらかくゆでた塩豚は、細かくほぐしても使い道はいろいろ。
トマトと和えて前菜風に仕立てると、ワインのお供にぴったり。
塩気の効いた豚肉にトマトの酸味がよく合います。

材料（2人分）

p.43のゆで塩豚のスライス
…… 1〜2切れ
トマト …… ½個
塩、オリーブオイル
…… 各少々
バゲット（薄切り）…… 適量
イタリアンパセリ …… 少々

作り方

1. ゆで塩豚は粗くほぐす。トマトは5㎜角に切る。

2. **1**を塩、オリーブオイルでマリネし、バゲットにのせ、パセリを添える。

基本 2

蒸す

ストウブに肉と少量の水を入れて火にかけ、
鍋の中いっぱいになる高温の水蒸気で蒸し上げます。
脂や旨みが外に流れ出ず、凝縮された味わいが楽しめます。

1 蒸す前に下味をつける

塩と酒をもみ込んで、下味をつけ、くさみを取ります。ゆでるよりも旨みや塩気の流出が少ないので、下味も控えめ、時間も短めにします。

2 少量の水を加えて火にかける

ストウブに少量の水、しょうが、長ねぎの青い部分を入れます。水の量の目安は¼カップ。中火にかけて沸いたらアクを取ります。

3 ふたをして蒸し余熱で火を通す

弱火にしてふたをし、蒸します。数分(鶏むね肉の場合7分)したら火を止めて、粗熱が取れるまで置いて余熱で火を通します。

塩蒸し鶏

材料(作りやすい分量)

鶏むね肉 …… 2枚

A
- 酒 …… 大さじ1
- 塩 …… 小さじ¾

長ねぎ(青い部分) …… 1本分

しょうが(薄切り) …… 2～3枚

レタス(ざく切り)、かいわれ …… 各適量

作り方

1. 鶏肉はAをもみ込んで30分ほど置く。
2. ストウブに水¼カップ(分量外)、1と長ねぎ、しょうがを入れて中火にかけ、沸いたらアクを取り、弱火にしてふたをする。
3. 7分したら火を止め、そのまま余熱で火を通す。
4. 粗熱が取れたら取り出して、食べやすく切り、レタス、かいわれとともに器に盛る。

アドバイス 鶏もも肉の場合はp.62のように水ではなく油を熱してこんがり蒸し焼きにするのもおすすめ。

塩蒸し鶏をアレンジ 1

塩蒸し鶏の梅みそソース

淡白なむね肉に、梅干しの酸味を効かせたソースが抜群の相性。
みょうがのシャキシャキ感もおいしさの決め手に。
さっぱり食べられるので、食欲がないときでも箸が進みます。

材料（2人分）

p.47の塩蒸し鶏 …… 1枚

A
- 梅干し …… 1個
- みそ …… 大さじ1
- みりん …… 小さじ1
- 水 …… 大さじ$\frac{1}{2}$

しそ …… 4枚

みょうが …… 1個

作り方

1. 塩蒸し鶏は冷蔵庫で1時間ほど冷やしてから（よりしっとりとする）、薄くスライスする。

2. Aの梅干しは種を除いてたたき、しそ2枚はみじん切りにして残りのAと合わせておく。

3. しそ2枚はせん切り、みょうがは半分に切ってから薄切りにし、一緒に冷水に放しておく。

4. 器に**1**を盛り、**2**の梅みそをかけて**3**をのせる。

塩蒸し鶏をアレンジ 2

塩蒸し鶏とセロリのサラダ

やわらかく蒸したむね肉は、手でさいて使うのにもぴったり。
歯触りのいいセロリと合わせると、鶏肉のしっとり感が際立ちます。
ヘルシーなアボカドも加えて、食べごたえ満点のサラダに。

材料（2人分）

p.47の塩蒸し鶏 …… ½枚
セロリ …… ½本
アボカド …… ½個
A
- マヨネーズ …… 大さじ1
- レモン汁 …… 大さじ½
- 塩 …… 小さじ⅓
- こしょう …… 少々

作り方

1. 塩蒸し鶏は食べやすくさいておく。セロリは斜め薄切り、アボカドは縦半分に切り1㎝幅に切る。

2. ボウルにAを合わせ、**1**を加えて和える。

STAUB
STAUB

基本 3

煮込む

厚く、鍋の中の温度を一定に保ちやすい
ストウブで煮込むと、素材がやわらかく仕上がります。
水分も蒸発しにくく、少なめの煮汁ですむのもうれしい。

1 肉の表面を焼く

肉に小麦粉をまぶして表面を焼き、旨みを閉じ込めます。肉は一度取り出します。

2 香味野菜を炒めて肉を戻し入れる

香味野菜をあめ色になるまでよく炒め、肉を戻し入れてワインなどを加えます。

3 ふたをして弱火でコトコト煮る

ふきこぼれを防ぐため、沸いたらふたをずらしてのせます。最後は余熱で味をなじませます。

牛肉の赤ワイン煮込み

材料（2人分）

牛シチュー用肉 …… 300g

A
- 塩 …… 小さじ$\frac{1}{3}$
- こしょう …… 少々

小麦粉 …… 少々

にんにく …… $\frac{1}{2}$片

玉ねぎ …… 中1個

セロリ、にんじん …… 各$\frac{1}{2}$本

オリーブオイル…… 大さじ$\frac{1}{2}$

バター …… 10g

赤ワイン …… $\frac{3}{4}$カップ

トマトの水煮（缶詰）…… $\frac{1}{2}$缶（200g）

B
- ローリエ …… 1枚
- コンソメキューブ…… 1個
- トマトケチャップ …… 大さじ1
- 塩 …… 小さじ$\frac{1}{2}$
- 粗びきこしょう …… 少々
- はちみつ …… 小さじ1

作り方

1. 牛肉はAをもみ込んで15分ほど置き、余分な水分をふき取り、小麦粉をまぶしておく。

2. にんにくはみじん切り、玉ねぎ、セロリは薄切りにする。にんじんは乱切りにする。

3. ストウブにオリーブオイルを入れて中火で熱し、**1**を炒める。全体に焼き色がついたら取り出しておく。

4. 同じストウブにバター、にんにく、玉ねぎ、セロリを入れて中火で炒める。しんなりしてあめ色になったら、牛肉を戻し入れて炒め、赤ワインを加える。

5. 沸いたらアクを取り、トマトの水煮、B、水$\frac{1}{2}$カップ（分量外）を加える。フツフツとしてきたら弱火にし、ふたを少しずらしてのせ、40分ほど煮る。途中、鍋底が焦げつかないようにかき混ぜる。

6. にんじんを加えてさらに15分ほど煮たら、塩（分量外）で味をととのえ、火を止める。そのまま10分ほど置いて味をなじませる。

牛肉の赤ワイン煮込みをアレンジ 1

バゲットグラタン

中身をくり抜いたバゲットの中に、とろとろの牛肉がたっぷり！
濃厚な旨みがじんわりしみ込んだパンも絶品です。
最初にパンだけを焼いてカリッとさせると、形が崩れません。

材料（2人分）

p.51の赤ワイン煮込み …… 適量
バタール（太めのフランスパン） …… 10㎝
ピザ用チーズ …… 適量
粗びきこしょう …… 少々

作り方

1. バタールは5㎝幅に切り、底を少し残して中をくり抜き3～4分トーストする。くり抜いたパンは小さくちぎり、赤ワイン煮込みと合わせておく。

2. 1のバタールに赤ワイン煮込みを入れてチーズを散らす。

3. オーブントースターで3～4分焼き、こしょうをふる。

牛肉の赤ワイン煮込みをアレンジ 2

赤ワイン煮込みパスタ

翌日には、残った煮込みでこんなぜいたくパスタはいかが？
煮汁をソース代わりにからめるだけなので、作り方はとても簡単。
パスタは、スパゲッティやフェトチーネなど好みのもので。

材料（2人分）

ショートパスタ …… 120g
p.51の赤ワイン煮込み …… お玉で2〜3杯
イタリアンパセリ（好みで）…… 適量

作り方

1. パスタは表示に従ってゆでておく。
2. 鍋に赤ワイン煮込みを温め、1をからめる。器に盛り、好みでパセリを添える。

おなじみの“肉で”作る
“素材別”一押しレシピ

定番料理を中心に、豚、鶏、牛の
部位別のおすすめレシピを紹介します。
かたまり肉だけでなく、
薄切り肉の調理にもストウブは大活躍。
旨みがギューッと詰まった
ストウブならではの味わいを楽しんでください。

豚バラの角煮

豚バラ肉を甘辛く煮た定番の角煮も、ストウブにおまかせ。
ふたをした鍋の中で蒸気が循環し、仕上がりは驚くほどしっとり。
箸で簡単に切れるやわらかさにも感激です。

煮る

材料（作りやすい分量）

豚バラブロック肉 …… 500g
片栗粉 …… 大さじ½
チンゲン菜 …… 1株
A
- 長ねぎ（青い部分）…… 1本分
- しょうが（薄切り）…… 2〜3枚
- 酒 …… ¼カップ

B
- しょうゆ …… 大さじ3
- みりん …… 大さじ2
- 砂糖 …… 大さじ½

ゆで卵 …… 2〜3個

アレンジ

ごはんに角煮と長ねぎや三つ葉、ゆで卵などをのせて丼にしたり、ほぐした角煮を薬味と一緒に混ぜて、沖縄の混ぜごはん風にしてもおいしくいただけます。

作り方

1. 豚肉は10㎝長さに切る。片栗粉は大さじ1の水（分量外）で溶いておく。チンゲン菜は軸をほぐしておく。

2. ストウブを中火で熱し、**1**の豚肉を両面が軽くきつね色になるまで焼き、取り出しておく。ストウブについた脂をさっとふき取って湯をわかし、豚肉を入れて10分ほどゆでる。湯を捨て、豚肉を水でさっと洗い、さらに半分に切る。

3. 鍋に水2カップ（分量外）、A、豚肉を入れて中火にかけ、沸いたらアクを取る。弱火にしてふたを少しずらしてのせ、20分ほど煮る。

4. Bを加えてふたをずらしてのせ、さらに30分煮る。途中、水分が足りないようなら½カップを目安に水を足す。ゆで卵を加えて5分ほど煮たらチンゲン菜を加えてふたをし、火を止める。そのまま1分ほど蒸らす。

5. 器に煮豚、ゆで卵、チンゲン菜を盛る。煮汁の残ったストウブを中火にかけ、フツフツとしてきたら水溶き片栗粉をまわし入れ、とろみがついたら火を止めて、盛りつけた煮豚にまわしかける。

豚ロースとキャベツの煮込み

煮込む前にこんがり焼きつけた豚肉の旨みが、おいしさの素。
それを存分に吸ったキャベツも、もうひとつの主役です。
仕上げには、クリームチーズを加えてまろやかなコクをプラス。

煮込む

材料（2人分）

豚ロース肉（トンカツ用）…… 2枚

A
- ローズマリーの葉 …… 1本分
- 塩 …… 小さじ½
- こしょう …… 少々

キャベツ …… ¼個
玉ねぎ …… 中½個
にんにく …… ½片
オリーブオイル …… 小さじ2
コンソメ顆粒 …… 小さじ1
クリームチーズ …… 40g
粗びきこしょう …… 少々

作り方

1. 豚肉は所々切り込みを入れて筋切りをし、Aをまぶして10分ほど置く。キャベツは一口大に切り、玉ねぎ、にんにくは薄切りにする。

2. ストウブにオリーブオイル、にんにくを入れて中火で熱し、香りが立ったら玉ねぎを炒める。

3. 玉ねぎがしんなりしてきつね色になったら端に寄せ、豚肉を入れて焼き色をつけ、裏返す。

4. 水1カップ（分量外）、コンソメを加え、沸いたら弱火にしてふたをし、20分煮込む。

5. キャベツ、クリームチーズを加えてさらに5分ほど煮たらふたをして、火を止める。3分置いて味をなじませ、器に盛り、粗びきこしょうをふる。

豚肉の表面を焼き固めるため、玉ねぎは端に寄せてスペースを作ってから、肉を入れます。

これもおすすめ

豚ロース肉のレシピ

八角が香る豚ロース肉の煮豚

豚ロース肉（トンカツ用）を八角、長ねぎなどと一緒に煮込みます。酒、しょうゆ、みりん等で甘辛く味つけし、余熱も利用してしっかり味を含めたら、中華風の煮豚が完成。冷めたら食べやすく切り、みつばや、からしを添えます。

豚薄切り肉のトマト煮

豚肉とたっぷりの野菜が入ったシチューのような料理。
大切なのは、トマトの水分を生かして弱火でコトコト煮ること。
さつまいもの甘みで、ほっこりやさしい味に仕上がります。

蒸す　煮る

材料（2人分）

豚薄切り肉 …… 200g
塩、こしょう …… 各少々
トマト …… 2個
玉ねぎ …… 中½個
にんにく …… ½片
さつまいも …… ½本
バター …… 10g
A
- コンソメ顆粒 …… 小さじ1
- 塩 …… 小さじ½
- こしょう …… 少々

バジル …… 2～3枚

作り方

1. 豚肉は塩、こしょう各少々をもみ込む。トマトは乱切りにする。玉ねぎ、にんにくはみじん切りにする。さつまいもは皮をむき、1.5㎝厚さの一口大に切って水に5分ほどさらす。

2. ストウブにバター、にんにく、玉ねぎを入れて中火にかけ、しんなりするまで炒める。

3. 豚肉、さつまいもを加えてさらに炒め、トマト、Aを加えて全体を混ぜ、ふたをして中火で10～15分煮る。

4. バジルをちぎって加え、塩（分量外）で味をととのえ、火を止める。

これもおすすめ
豚薄切り肉のレシピ

豚薄切り肉の酒蒸し
熱したストウブに、塩、こしょうした豚薄切り肉、しょうがのすりおろしを入れて少量の酒を加えてふたをします。1～2分したら火を止め、あとは余熱で仕上げると、豚肉がふっくらとした食感に。一緒に長ねぎや水菜を加えてもOK。

まるごとミートローフ

手間のかかるミートローフだって、ストウブを使えばオーブンいらず！
弱火でゆっくり蒸し焼きにし、最後は余熱でふんわりとした食感に。
取り分けるときは、木べらなど鍋の内側を傷つけないものを使って。

蒸す　焼く

材料（作りやすい分量）

豚ひき肉 …… 800g
玉ねぎ …… 小1個
A
- 塩 …… 小さじ¾
- こしょう、ナツメグ …… 各少々

B
- 卵 …… 3個
- パン粉 …… 1と½カップ

くるみ（粗みじん切り） …… 80g
オリーブオイル …… 少々
ローズマリー …… 2本
C
- ケチャップ、ウスターソース …… 各¼カップ
- バター …… 20g
- にんにく（すりおろし） …… 小さじ½

作り方

1. 玉ねぎはみじん切りにする。

2. ストウブを中火で熱し、豚ひき肉の半量、玉ねぎを入れて肉の色が変わるまで炒める。ボウルに移して冷ます。ストウブは一度洗う。

3. 2に残りの豚ひき肉、Aを加えてよく混ぜ、さらにB、くるみを加えて混ぜ合わせる。オリーブオイル少々を塗ったストウブに敷き詰め、ローズマリーをのせる。

4. ふたをして弱火で45分加熱する。火を止めてそのまま10分ほど置く。

5. Cは耐熱容器に入れて混ぜ、ラップをかけ、電子レンジで1分半加熱する。

6. 粗熱が取れたら切り分け、5のソースをかける。

これもおすすめ

豚ひき肉のレシピ

カリカリ豚もやし

油を敷いたストウブで豚ひき肉をカリカリになるまで炒めます。もやしを加えてふたをしたら、火を止めて余熱でもやしに火を通します。塩、こしょうで味をととのえ、シャキシャキ、熱々のうちにどうぞ。

パリパリチキン

多めの油で表面を焼いてから、ふたをして焼き、しっかり火を通します。
フライパンで焼くより加熱ムラがなく、外はパリッと、中はジューシー！
鍋肌に焦げつきにくい加工がしてあるので、使ったあとのお手入れも簡単。

焼く **蒸す**

材料（2人分）

鶏もも肉 …… 小2枚（400g）

A
- にんにく（すりおろし） …… 小さじ½
- 塩 …… 小さじ½
- 粗びきこしょう …… 少々
- 白ワイン …… 大さじ½

片栗粉 …… 少々
サラダ油 …… 大さじ2
粗びきこしょう …… 少々
レタス（好みで） …… 適量

作り方

1. 鶏肉はAをもみ込んで5分ほど置く。水気をふき、片栗粉をまぶす。

2. ストウブにサラダ油を入れて中火で熱し、鶏肉を皮目から入れてきつね色になるまで焼く。

3. そのまま弱火にしてふたをし、2分ほど蒸し焼きにする。

4. 鶏肉を裏返し、さらに2〜3分焼く。

5. 鶏肉を取り出して、粗熱が取れたら切り分け、こしょうをふる。好みでレタスを添える。

皮目から焼いてふたをしたら、しばらく触らずに我慢。油が抜けて、カリッときつね色になったらひっくり返しましょう。ふたを取るときは水蒸気がたれるとはねるので、傾けないようにするのがコツ。

アレンジ

パリパリチキンの粗熱を取って食べやすい厚さにスライスし、トマト、きゅうりと和えると、主菜にもなるボリューム感のあるサラダに。好みのドレッシングをかけていただきます。

シンプルチキンカレー

煮込む

おなじみのカレーもストウブで作ると、ワンランク上のおいしさ。
火のあたりがやわらかな分、素材に旨みがよくしみ込み、
作りたてでも、一晩置いたような深みのある味わいになります。

材料（2人分）

チキンスペアリブ …… 300g

A
- カレー粉 …… 大さじ1
- ヨーグルト …… 大さじ3
- 塩 …… 小さじ⅓
- にんにく、しょうが（すりおろし） …… 各小さじ½

玉ねぎ …… 中1個
トマト …… 2個
サラダ油 …… 大さじ1
クミンシード（あれば） …… 小さじ1

B
- トマトケチャップ …… 大さじ1
- はちみつ …… 小さじ1
- 塩 …… 少々

ごはん …… 適量
イタリアンパセリ（好みで） …… 適量

作り方

1. チキンスペアリブにAをもみ込んで10分ほど置く。

2. 玉ねぎ、トマトは粗みじん切りにする。

3. ストウブにサラダ油、あればクミンシードを入れて中火で熱し、フツフツとしてきたら玉ねぎを加えて炒める。きつね色になるまで10分ほど炒めたらトマトを加える。

4. **1**のチキンスペアリブを漬け汁ごと加えて全体を混ぜ、ふたをして10分ほど煮る。

5. Bを加えて混ぜ、ふたをしてさらに5分ほど煮たら火を止める。

6. 器にごはん、**5**を盛り、好みでパセリを添える。

アレンジ

トマトと一緒にゆでたレンズ豆（p.115参照）やひよこ豆など好みの豆を加えて、ヘルシーなチキンカレーに。じゃがいもをごろっと入れても美味。また、チキンスペアリブの代わりにもも肉を使うのもおすすめです。

手羽元のサワー煮

酸に強い素材のストウブは、酢を使った料理にも最適。
手羽元に酢を加えて煮ると、脂っこさがとれてさっぱりやわらかに。
きつね色に炒めた玉ねぎの甘みが、酸味をほどよくやわらげます。

焼く　煮る

材料（2人分）

鶏手羽元肉 …… 6本
玉ねぎ …… ½個
にんにく …… 2片
サラダ油 …… 適量
A ┌ しょうゆ …… 大さじ2
　│ 酢 …… 大さじ3
　└ みりん …… 大さじ1
針しょうが …… 適量

作り方

1. 玉ねぎは薄切りにする。にんにくは皮をむき、包丁の背で軽くつぶす。

2. ストウブにサラダ油、にんにくを入れて中火で熱し、香りが立ったら手羽元を加える。

3. 肉の表面全体に焼き色をつけたら、玉ねぎを加えて炒め、水½カップ（分量外）、Aを加える。

4. 沸いたらアクを取り、ふたを少しずらしてのせ、弱火にして15分ほど煮る。全体をかき混ぜて同様にふたをのせ、さらに15分煮る。

5. 器に盛り、針しょうがをのせる。

アレンジ

酸味が苦手なら、酢を入れずに、煮汁が少なくなるまで煮て味をからめ、甘辛煮にしても。ゆで卵を加えれば、ボリュームがぐんとアップ。その場合は、仕上がりの5分前に加えて味をしみ込ませます。

鶏団子のスープ仕立て

白菜の上に鶏団子をのせて蒸し煮にすると、ふっくら感がアップ！
蒸し汁は、鶏肉と白菜の旨みが溶け出たおいしいスープになります。
仕上げに水菜やせり、ニラなど、火の通りやすい青菜を加えても。

蒸す　煮る

材料（2人分）

鶏ひき肉 …… 200g

A
- しょうが汁 …… 小さじ1
- 酒 …… 大さじ1
- 塩 …… 小さじ1/3
- こしょう …… 少々
- 片栗粉 …… 大さじ1
- 水 …… 大さじ1

白菜 …… 1～2枚

B
- だし汁 …… 1カップ
- 塩 …… 小さじ1/4

作り方

1. ボウルに鶏ひき肉、Aを入れてよく混ぜる。

2. 白菜は細切りにし、鍋に敷き詰める。

3. **2**に**1**をスプーンで1/6量ずつ落とし入れ、Bを合わせて注ぐ。

4. 中火にかけてフツフツとしたら弱火にし、ふたをし、8分ほど蒸し煮にする。

白菜に鶏団子をのせてから、だしを注ぎます。肉団子に当たらないように注ぎましょう。

アレンジ

油を敷いて熱したストウブで鶏団子を焼きつけ、トマト缶を加えて煮込み、ゆっくり味をしみ込ませます。仕上げに塩、こしょうで味つけをすれば、つくねのトマト煮込みに。好みできのこ類を加えても。

手羽先のシンプルスープ

弱火でクツクツ煮ると、澄んだスープのできあがり！
ほっとするやさしい味わいに、心も体も温まります。
アレンジ料理もいろいろできるので、小分けにして冷凍保存しておくと便利。

煮る

材料（2人分）

鶏手羽先肉 …… 4～6本
長ねぎ（青い部分）…… 1本分
しょうが（薄切り）…… 2～3枚
酒 …… 大さじ2
A
- ナンプラー …… 大さじ1と½
- 粗びきこしょう …… 少々
- 赤唐辛子小口切り …… 少々

長ねぎ …… 10㎝
香菜（好みで）…… 適量

作り方

1. ストウブに手羽先、長ねぎの青い部分、しょうがを入れて水3カップ（分量外）と酒を加える。

2. 中火にかけて沸いたらアクを取り、弱火にしてふたを少しずらしてのせ、20～30分煮る。

3. Aを加えて調味し、みじん切りにした長ねぎを加え、火を止める。器に盛り、好みで香菜をのせる。

アレンジ

できあがりの10分前に押し麦を加えても。また、スープストックとして活用したり、スープでお米を炊いてほぐした手羽先を添えるとシンガポール風チキンライスに。ごはんにかけてスープ茶漬けにしても。

ビーフハンバーグ

最初にしっかり焼きつけてからたっぷりの蒸気で蒸すと、中までふっくら、洋食屋さんのような本格的な仕上がりに。つけ合わせの野菜も、お鍋ひとつで同時に完成です。

焼く **蒸す**

材料（2人分）

牛ひき肉 …… 300g
玉ねぎ …… 中¼個
A
- 卵 …… ½個
- パン粉 …… ¼カップ
- 塩 …… 小さじ¼
- こしょう、ナツメグ …… 各少々

じゃがいも …… 中1個
にんじん、マッシュルーム …… 各50g
にんにく …… ½片
オリーブオイル …… 大さじ1
ローズマリー …… 1本
B
- 赤ワイン …… ¼カップ
- 中濃ソース …… 大さじ3
- しょうゆ …… 大さじ1
- 砂糖 …… 小さじ2

ローズマリー（飾り用）…… 適宜

アレンジ

ハンバーグ種を焼きつけたら、デミグラスソース、トマトケチャップ、ソースなどを加えて煮込みハンバーグに。マッシュルームやにんじん、玉ねぎなどを加えて、具だくさんにするとごちそう風に。

作り方

1. 玉ねぎはみじん切りにする。ボウルにひき肉、玉ねぎ、Aを入れてよく混ぜる。 2等分に丸める。

2. じゃがいも、にんじんは2㎝角に切る。にんにくは薄切りにする。マッシュルームは半分に切る。

3. ストウブにオリーブオイルの半量を敷いて中火で熱し、**1**のハンバーグを入れて焼き色をつける。裏返して同様に焼き、取り出しておく。

4. **3**のストウブをキッチンペーパーでさっとふき、残りのオリーブオイル、にんにくを入れて中火で熱し、残りの**2**を炒める。

5. 塩少々（分量外）をふって全体を混ぜたら、**3**を戻し入れてローズマリーをのせてふたをし、弱火で15分ほど蒸し焼きする。火を止めてそのまま5分ほど置く。

6. Bは耐熱ボウルに合わせてラップをし、電子レンジで1分半加熱する。

7. 器に盛り、**6**をかけて飾り用のローズマリーを添える。

ぽってりと厚めに形作ると、ストウブにちょうど2つ入るサイズに。表面を焼きつけて取り出します。

牛すね肉のにんにく煮込み

じっくり煮込んだすね肉は、ほろほろと崩れるようなやわらかさ。
低温でゆっくり火を通すので、パサつく心配もありません。
ほっくり煮えたにんにくをつぶして、ソースのようにからめても美味。

煮込む

材料（2人分）

牛すね肉 …… 300～350g
A［塩 …… 小さじ½
　 こしょう …… 少々
にんにく …… ½株
B［バジル …… 3～4枚
　 オリーブオイル …… 大さじ4
ローリエ …… 1枚
黒粒こしょう …… 小さじ½
バジル …… 適量
レモン（好みで）…… 適量

作り方

1. 牛すね肉はAをもみ込んで20分ほど置く。にんにくは皮をむく。

2. Bのバジルは刻んでオリーブオイルと合わせる。

3. ストウブに**1**とローリエ、黒粒こしょう、かぶるくらいの水（分量外）を入れて中火にかける。沸いたらアクを取り、ふたを少しずらしてのせ、弱火にして40分ほど煮る。途中水分がなくなるようなら¼カップを目安に足していく。

4. バジルを加えて火を止める。**2**のバジルオイルをかけ、好みでレモンをしぼっていただく。

アレンジ

煮込んだ牛すね肉を細かくほぐし、クリームチーズと合わせると、サンドイッチの具にぴったり。パンはバゲットがおすすめです。レタスやアボカドを一緒にはさんでも。

牛肉とほうれん草のゆずこしょう蒸し

ふたをしてさっと蒸したら、最後は余熱で火を通すのがカギ。
牛肉はふんわりと、ほうれん草はほどよくシャキッとした仕上がりに。
ゆずこしょうがピリッと効いたメリハリのある味わいです。

蒸す

材料（2人分）

牛薄切り肉 …… 200g
A［酒 …… 大さじ1
　ゆずこしょう …… 大さじ1］
ほうれん草 …… 100g
ゆず皮（好みで）…… 適量

作り方

1. Aを合わせて牛肉にからめておく。ほうれん草は洗って6㎝長さに切る。

2. **1**を合わせてストウブに入れ、中火にかけ、フツフツとしてきたら全体を混ぜてふたをして3分ほど加熱する。

3. 火を止めて1分蒸らしたら器に盛り、好みでゆず皮を散らす。

素材を変えて

牛肉の代わりに豚肉（こま切れ肉など）でもおいしくできます。また、ぽん酢を加えたり、ゆずやかぼす、すだちといった季節のかんきつ類をしぼるのも、さっぱりといただけておすすめです。

PART 3

魚のレシピ

火加減の難しい魚料理も、ストウブならぐっと簡単に。
とくに、パサつきがちな切り身魚やえび、貝類は、
早めに火を止めて鍋の熱でじんわりと加熱すると
しっとりと仕上がります。
もちろん、じっくり時間をかける煮込み料理も、
やわらかな食感に大満足。

まずはこれから！

ストウブで作る“魚介料理”の基本

魚介料理でおすすめの調理法は、
ストウブの余熱を上手に利用する「さっと焼いて蒸らす」と、
コトコト「じっくり煮る」方法。
まずは、いかとたこを使って、基本をしっかり押さえましょう。

基本 1

さっと焼いて蒸らす

加熱してから火を止めてそのまま少し置くことで
火加減の難しい魚介も、しっとりやわらかい絶妙な仕上がりに。
ストウブならではの余熱をいかした調理法です。

1 ストウブにいかを入れて火にかける

下味をつけたいかをストウブに入れ、中火にかけます。

2 いかを途中でひっくり返す

ジュウジュウと音がし、いかにほんのり焼き色がついたらひっくり返します。

3 ふたをして余熱で蒸す

ふたをして火を止め、余熱でじんわり火を通します。

いかのまるごとしょうゆ焼き

材料（2人分）

やりいか …… 小2杯

A
- しょうゆ、酒、みりん …… 各小さじ1
- しょうが汁少々

細ねぎ（小口切り）…… 適量

作り方

1. いかは胴と足を分けて内臓、クチバシ、軟骨を取り、胴には切り込みを入れる。いかが大きい場合は胴を半分に切る。合わせたAに5分ほどつけておく。

2. ストウブに**1**を入れて中火にかけ、焼き色がついたら裏返してふたをし、火を止める。1分ほどそのまま置く。

4. 細ねぎを散らす。

アドバイス 応用として、p.88の鮭の塩煮などのように、軽く煮てから蒸らすのも、しっとりと仕上がるおすすめの調理法です。

基本 2

じっくり煮る

ストウブは煮ている間の温度の変化が少なく、
素材にじっくり火が通るので、
煮えにくい魚介もムラなくやわらかに仕上がります。

1 たことだしを ストウブに入れる

熱していないストウブにたことだし汁、くさみ取りのしょうがを入れて、中火にかけます。だし汁の量はひたひたくらいでじゅうぶん。

2 沸いたら ふたをする

沸いたら弱火にし、ふたをしてじっくり煮ます。目安は50分。好みでさらに煮てもOK。

3 やわらかくなったら 調味料を加える

たこがやわらかくなったら調味料を加えてふたをし、10分ほど煮て味を含ませます。すぐに食べてもおいしいですが、ゆっくりと冷ますと味がなじみます。

たこのだし煮

材料（2人分）

ゆでたこ …… 2～3本（約300g）

A
- だし汁 …… 1カップ
- 酒 …… ¼カップ

しょうが …… ½かけ

薄口しょうゆ、みりん …… 各小さじ½

みつば …… 適量

作り方

1. たこは1本を半分に切る。しょうがはせん切りにする。
2. ストウブにたことA、しょうがを入れて中火にかけ、沸いたら弱火にし、ふたをして50分ほど煮込む。途中、水分がなくなるようなら水¼カップを目安に加える。
3. 薄口しょうゆとみりんを加えてふたをし、さらに10分煮る。
4. 器に盛り、みつばを添える。

アドバイス　いかも同様にコトコト煮ると、一度引き締まった繊維がほぐれてやわらかくなります。

おなじみの“魚介で”作る
“素材別”一押しレシピ

ほとんどの魚介は、加熱後余熱で蒸らせば、ふっくら、しっとりの仕上がりに。
骨までやわらかくしたい一尾魚や、煮込むほどにやわらかくなるたこやいかは、
のんびり煮込んで美味しくなるのを待つのも楽しみです。

いわしの梅煮

弱火でゆっくり加熱して、骨までやわらかく仕上げます。
火加減が安定しているため、煮崩れせずに身はふっくらしたまま！
梅干しと一緒に煮ると、くさみが取れて風味もよくなります。

じっくり煮る

材料（2人分）

いわし …… 4尾
しょうが …… $\frac{1}{2}$かけ
A
- だし汁 …… $\frac{1}{2}$カップ
- 酒、しょうゆ、みりん …… 各大さじ1と$\frac{1}{2}$
- 砂糖 …… 小さじ1

梅干し …… 2個

作り方

1. いわしは頭と内臓を取ってきれいに洗う。しょうがは薄切りにする。

2. ストウブにAを入れて中火で煮立て、**1**と梅干しを加える。キッチンペーパーで落としぶたをして、煮汁をまわしかける。

3. 弱火にしてふたをし、15分ほど煮る。

4. ペーパーを取り、ストウブを傾けてさらに煮汁をまわしかけ、少し煮詰める。火を止めてふたをし、5分ほど置いて味をなじませる。

これもおすすめ

いわしのレシピ

いわしのオイルサーディン

いわしをぶつ切りにし、たっぷりのオリーブオイル、黒粒こしょう、ローリエ、にんにくとともにストウブに入れて火にかけます。シュワシュワとなりはじめたら、火を止めてふたをし、余熱で火を通せばできあがり。オイルに浸した状態で冷蔵庫に入れれば、1週間は保存が可能。さんまやあじでも同様に作れます。

ふっくらかじきステーキ

かじきのようにパサつきやすい魚は、鍋の実力でおいしさに差が出ます。
バターで表面を焼いてから蒸し焼きにすれば、しっとり！
つけ合わせの野菜も時間差で加え、蒸し焼きにして仕上げます。

さっと焼いて蒸らす

材料（2人分）

かじき …… 2枚

A
- タイム（ちぎる） …… 1〜2本分
- にんにく（薄切り） …… ½片分
- 白ワイン …… 大さじ½
- 塩 …… 小さじ⅓
- 粗びきこしょう …… 少々

アスパラガス …… 2本
黄パプリカ …… ½個
バター …… 10g
塩 …… 少々

作り方

1. かじきにAをもみ込んで5分ほど置く。アスパラガスは3等分に切り、パプリカは2㎝幅に切る。

2. ストウブにバターを入れて中火で熱し、**1**のかじきを入れて焼き色をつける。

3. 裏返したら端にアスパラガス、パプリカを入れて塩をふり、ふたをして1分加熱する。火を止めて1分ほど蒸らす。

これもおすすめ

かじきのレシピ

かじきの照り焼き

同じ作り方で味つけを変えれば和風おかずに変身。ストウブにサラダ油を敷いて熱し、かじきを両面さっと焼いてから、しょうゆとみりんをからめます。長ねぎを加えたら、ふたをして余熱で火を通します。かじきをぶりに変えてもOK。

鮭の塩煮

塩味のだしを効かせた、あっさりと上品な味わいの煮物です。
鮭を加えたら弱火にし、最後は余熱でしっとりの仕上がりに。
長いもにもしっかり味がしみ込み、ほくほくの食感が楽しめます。

さっと煮て蒸らす

材料（2人分）

生鮭 …… 2切れ
塩 …… 小さじ¼
長いも …… 200g
A
- だし汁 …… ½カップ
- 酒 …… 大さじ2
- 塩 …… 小さじ½

みつば …… 適量

作り方

1. 鮭は一口大に切り、塩をふる。長いもは皮をむき、2㎝幅の輪切りにする。

2. ストウブにAを入れて中火で煮立て、長いもを加える。

3. 2分ほど煮たら鮭を加えてふたをし、弱火で5分加熱する。

4. 火を止め、5分ほど置いてから器に盛り、みつばを添える。

これもおすすめ

鮭のレシピ

鮭とトマトのブルーチーズ煮込み

一口大に切った鮭に塩、こしょう、タイムなどをもみ込んでおきます。一口大に切ったトマト、みじん切りにした玉ねぎとにんにくを一緒にブイヨンで煮込み、仕上げにブルーチーズを加えてコクをプラス。チーズが溶けて香りが立ったら火を止めます。

たらとじゃがいものクリーミーグラタン風

グラタン風の味わいが、お鍋ひとつで手軽に作れるうれしいレシピ。
生クリームと牛乳を加えて煮込むと、ソースなしでもとろ〜りまろやかに。
熱々をストウブごと食卓に出せば、寒い季節のおもてなしにぴったりです。

じっくり煮る

材料（2人分）

たら …… 2切れ
玉ねぎ …… 中½個
にんにく …… ½片
じゃがいも …… 中2個
ベーコン …… 2枚（30g）
A
- 牛乳、生クリーム …… 各½カップ
- 小麦粉 …… 大さじ1
- コンソメ顆粒 …… 小さじ1
- 塩 …… 小さじ½
- 粗びきこしょう …… 少々

タイム …… 1〜2本
ピザ用チーズ …… 80g
粗びきこしょう …… 少々

作り方

1. たらは4〜5等分に切る。玉ねぎ、にんにくは薄切り、じゃがいもは皮をむき5㎜幅に切る。ベーコンは細切りにする。Aはよく混ぜておく。

2. ストウブに玉ねぎ、にんにく、じゃがいも、ベーコン、たらの順に重ねる。これを2回繰り返す。タイム、チーズをのせて、混ぜたAを注ぐ。

3. 中火にかけ、フツフツとしてきたら弱火にしてふたをし、20分加熱する。

4. 火を止めて1分ほど置いたらふたを取り、こしょうをふる。

これもおすすめ

たらのレシピ

たらのハーブ蒸し焼き

たらにタイム、オレガノ、にんにく、白ワインをもみ込んで、好みで塩をし、熱したストウブに入れてふたをします。少ししたら火を止め、余熱で蒸し焼きに。ふたを開けた瞬間、ふわっとハーブが香ります。

STAUB

鯛のアクアパッツア

アクアパッツァは、魚介類を白ワインや水で煮込んだイタリア料理。

さっと煮て蒸らす

ストウブなら、素材の旨みを逃がさず、繊細な鯛にもしっとり火が入ります。
一緒に煮たトマトをつぶして、ソースのようにからめてもおいしい！

材料（2人分）

鯛（切り身）…… 2切れ
A
- 白ワイン …… 大さじ1
- タイム（ちぎる）…… 1本分
- にんにく（薄切り）…… ½片分
- 塩 …… 小さじ⅓
- 粗びきこしょう …… 少々

黄パプリカ …… ¼個
ミニトマト …… 8個
白ワイン …… ¼カップ
グリーンオリーブ …… 4〜6個
オリーブオイル、塩、粗びきこしょう …… 各少々
イタリアンパセリ（刻む）…… 適量
レモン（好みで）…… 適量

作り方

1. 鯛は、Aをもみ込んで5分ほど置く。

2. パプリカは細切りにする。ミニトマトはへたを取っておく。

3. ストウブに白ワインを入れて煮立て、**1**、パプリカ、オリーブを入れてふたをし、中火で5分蒸す。

4. ミニトマトを加え、ふたをして1分ほどしたら火を止める。器に盛り、オリーブオイル、塩、こしょう、パセリをふる。好みでレモンをしぼる。

アレンジ

最後は、鍋料理のシメのように、ゆでたパスタを加え、加熱しながら煮汁をソース代わりにからめても。また、ごはんを加えればリゾット風に。その場合は、バターで風味をプラスします。

column

オーバルのストウブで素敵に…
鯛一尾と魚介のアクアパッツァ

ラウンドのストウブを使いこなしたら、次に挑戦してみたいのが、オーバル形。かわいらしいラウンドとは一味違う優美さをもった姿は、そのままテーブルに運んでおもてなしするのにもぴったりです。 p.92の「鯛のアクアパッツァ」の鯛を切り身から一尾のものに変えて、魚介の種類を増やしてオーバルのストウブで作ったら、お客様にふるまいたくなるちょっとぜいたくな料理ができました。

作り方

（27㎝のオーバル形ストウブで作りやすい分量）

❶長さ20〜23㎝くらいの鯛は下処理して切り込みを入れ、白ワイン大さじ2〜3、タイム2〜3本、にんにく薄切り½片分、塩小さじ1、粗びきこしょう少々をもみ込んで5分ほど置く。❷ストウブに水½カップを入れて中火で煮立て、鯛を入れてふたをし、5分加熱する。❸背にキッチンバサミで切り込みを入れたえび4尾、砂抜きし殻をこすり合わせてよく洗ったあさり200g、細切りにした黄パプリカ½個分、1cm幅に切ったセロリ½本分、グリーンオリーブ8個を入れて、ふたをしてさらに5分加熱する。❹ミニトマト8〜10個を加えてふたをし、1分ほどしたら火を止める。オリーブオイルをまわしかけ、塩、こしょうをふる。

27㎝

23㎝

オーバルには直径11㎝、15㎝、17㎝、23㎝、27㎝のサイズバリエーションがあります。一尾の魚を入れるなら27㎝、小ぶりなかたまり肉を入れるなら23㎝くらいが手ごろ。

やりいかのトマト煮

好相性のいかとトマトで作る、旨みたっぷりの料理です。
主役のやりいかは、加熱しすぎると固くなってしまうので要注意。
余熱でさっと火を通すと、ぷりぷりの食感になります。

さっと煮て蒸らす

材料（2人分）

やりいか …… 小2杯
玉ねぎ …… ½個
にんにく …… ½片
パプリカ（赤、黄）…… 各½個
オリーブオイル …… 小さじ2
トマトの水煮（缶詰）…… ½缶（200ｇ）
A
- コンソメ顆粒 …… 小さじ1
- 塩 …… 小さじ½
- こしょう …… 少々
- タイム …… 1本
- 水 …… ½カップ

生クリーム …… 大さじ1～2

作り方

1. いかは胴と足を分けて内臓、クチバシ、軟骨を取り、よく洗い、胴は輪切りにする。玉ねぎ、にんにくはみじん切りにする。パプリカは一口大に切る。

2. ストウブにオリーブオイル、にんにくを入れて中火にかけ、香りが立ったら玉ねぎを炒める。

3. トマトの水煮、Aを加え、フツフツとしてきたら弱火にして15分ほど煮る。

4. パプリカ、いかを加えて全体を混ぜ、ふたをして2分ほどしたら火を止める（時間があれば30分ほど煮ても、いかの繊維がほぐれてほろりとした食感が楽しめる）。生クリームを加えて混ぜる。

これもおすすめ
いかのレシピ

いかとセロリのレア蒸し

いかの輪切り、セロリの薄切り、レモンを熱したストウブに入れてふたをし、火を止めます。しばらく置いて取り出し、オリーブオイル、塩、こしょうをまわしかけます。大切なのは、いかに火を通しすぎないこと。刺身用など新鮮ないかで作りましょう。

えびとマッシュルームのオイル煮

ひと口食べるとワインが飲みたくなる、スペインのタパス風おつまみ。
たっぷりのオイルでじんわり火を通したえびは、弾けるおいしさ。
パスタに和えたり、バゲットにのせたりと、お好みの食べ方で。

さっと煮て蒸らす

材料（作りやすい分量）

むきえび …… 200g
マッシュルーム …… 1パック（100g）
にんにく …… ½片
赤唐辛子 …… 1本
オリーブオイル …… ½カップ
塩 …… 小さじ½

作り方

1. マッシュルームは十字に4等分に切る。にんにくはみじん切りにする。

2. ストウブにすべての材料を入れて中火にかけ、シュワシュワとしてきたら全体を混ぜる。

3. えび全体がピンク色になってきたらふたをし、火を止めて5分置く。

これもおすすめ
えびのレシピ

えびのペースト

にんにく、えび、じゃがいも、牛乳、タイムなどを一緒に煮込みます。煮汁をきってフードプロセッサーにかけ（もしくはめん棒などでつぶす）、サワークリーム、塩、こしょうを加えて型や容器に入れれば完成。おもてなしの前菜などに。

あさりのエスニック蒸し

短時間の加熱であさりをふっくら仕上げるのが最大のポイント。
旨みのあるピリ辛テイストが、ごはんにもお酒にもよく合います。
レモングラスなどのハーブをプラスしても。

さっと炒めて蒸らす

材料（2人分）

あさり …… 400g
サラダ油 …… 小さじ2
A
- ナンプラー、酒 …… 各大さじ$\frac{1}{2}$
- にんにく（みじん切り）…… 小さじ1
- 赤唐辛子（小口切り）…… 少々

香菜、ライム …… 各適量

作り方

1. あさりは砂抜きし、殻をこすり合わせてよく洗う。

2. ストウブにサラダ油を入れて中火で熱し、あさりを炒める。

3. ふたをして1分加熱し、Aを振り入れてふたをし、さらに1分加熱する。

4. 火を止めて器に盛り、香菜、ライムを添える。

これもおすすめ
貝のレシピ

帆立の焦がしバター煮

ストウブにバターとにんにく（すりおろし）を入れて火にかけます。バターを軽く焦がしたら、塩、こしょうをふった帆立、白ワインを加えてさっと煮、火を止めて余熱で火を通します。仕上げにパセリ、バゲットを添えて。

PART 4

ごはんのレシピ

ストウブで炊いたごはんは、しっかりとした食感。
一粒一粒が、外側はむっちり、
中はふんわりと炊けていて、
冷めてもおいしさが長続きするのも魅力です。

ごはんの基本の炊き方（作りやすい分量）

米2合は洗ってざるにあげ、10分ほど置く。ストウブに米2合、水360㎖を入れて20分ほど浸水させる。ふたをして中火にかけ、隙間から蒸気が上がってきたら（ふたを開けてグツグツしていたらOK）弱火にして10分加熱する。火を止めて、そのまま10分蒸らす。

雑穀ごはんのおにぎり

いつもの白米に雑穀をプラスして炊くと、不足しがちなミネラルや食物繊維が無理なくとれて、味わいや食感もぐんとアップ。
冷めてもモチモチ感が持続するので、お弁当にもおすすめです。

材料（作りやすい分量）

米 …… 2合
水 …… 360㎖
雑穀ミックス
…… 大さじ2〜3
塩 …… 適量
漬物（好みで）…… 適量

作り方

1. 洗った米に雑穀ミックスを加えて、左ページのごはんと同様に炊く。

2. 粗熱が取れたら手に塩をして、丸くにぎる。好みで漬物を添える。

column

ちょっと小さめ16㎝をごはん専用ストウブに

この本で紹介している料理は、ラウンドタイプの直径18㎝と20㎝のストウブで作れるもの。でも、その下のサイズ、直径16㎝のものも、実はごはんを炊くのに便利なスグレモノ。1.5合が炊けるので、少量ずつ、毎回炊きたてをおいしく食べたい人にぴったりなサイズです。ちょっぴり縦長なフォルムも個性的。

しらすとクレソンのおにぎり

しらすの塩気とクレソンのほろ苦さで、味のバランスが抜群！
クレソンはごはんを蒸らすタイミングで加えると、鮮やかな緑色に。
しらすの代わりにちりめんじゃこを加えても。

材料（3〜4人分）

米 …… 2合
水 …… 360㎖
クレソン …… ½束
しらす …… 50g
塩 …… 適量

作り方

1. P.102を参照し、ごはんを炊く。

2. 炊いたごはんにみじん切りにしたクレソンを加えてふたをし、少し蒸らしたらしらすを加えて混ぜる。

3. 手に塩をしておにぎりを作る。

炊き上がりの熱々ごはんに、クレソンをのせてふたをします。余熱で軽く火が入り、クレソンのシャキシャキ感は残して食べやすい仕上がりに。

くるみとごまの混ぜごはん

もっちり炊きあがったごはんに、くるみのカリッとした食感が絶妙にマッチ。
風味がよく、ついついおかわりしてしまうおいしさです。
ほんのり塩を効かせると、ごはんとくるみの甘さが引き立ちます。

材料（2人分）
ごはん …… 400g
くるみ（粗みじん切り）
…… 30g
白すりごま、黒すりごま
…… 各大さじ1
塩 …… 少々

作り方
ボウルにごはんとくるみ、ごまを入れて混ぜ、塩で味をととのえる。

定番炊き込みごはん

色とりどりの具を炊き込んだごはんは、ストウブの一押しメニュー。
しっかり熱を閉じ込めるので、炊きあがりはふっくら、具もジューシー。
鍋ごと食卓に登場させ、その場で取り分けると盛り上がります。

材料（作りやすい分量）

米 …… 2合
鶏もも肉 …… ½枚
A［酒、薄口しょうゆ、みりん …… 各大さじ1と½
にんじん、ごぼう …… 各30g
たけのこ …… 50g
しいたけ …… 1枚
油揚げ …… ½枚
みつば（刻む）…… 適量
ゆず皮 …… 適量
塩 …… 少々

作り方

1. 米は洗ってざるにあげ、10分ほど置く。ストウブに米と水1と½カップ（分量外）を入れて20分ほど浸水させる。

2. 鶏肉は2㎝角に切り、Aをもみ込んでおく。

3. にんじん、たけのこ、しいたけ、油揚げは1.5㎝角に切る。ごぼうはささがきにして水に5分ほど放しておく。

4. **1**に**2**、**3**を入れてふたをし、中火にかける。ふたの隙間から蒸気が上がってきたら（ふたを開けてグツグツしていたらOK）、弱火にして10分加熱する。

5. 火を止めて10分蒸らす。全体を混ぜて、みつばを加え、塩少々で味をととのえる。器に盛り、ゆず皮をのせる。

これもおすすめ

炊き込みごはんのレシピ

きのこと牛こま肉の炊き込みごはん

きのこ、牛こま肉、豆もやしを具にし、炊き込みごはんの調味料にコチュジャンやトウバンジャンで辛みや旨みを足して、同様に炊きます。韓国風のピリ辛味がやみつきに。

チキンピラフ

ふたを開けたら、歓声が上がることまちがいなしのごちそうごはん！
カレー粉やにんにくの香りが鶏肉の旨みを引き立てます。
クミンなどのスパイスをプラスして、エスニック風に仕上げても。

材料（作りやすい分量）

米 …… 2合
鶏むね肉 …… 小1枚

A
- 白ワイン …… 大さじ½
- カレー粉 …… 小さじ1
- 塩 …… 小さじ¼
- にんにく（すりおろし）、粗びきこしょう …… 各少々

玉ねぎ …… 中¼個
エリンギ …… ½パック（50g）
トマト …… 小1個
バター …… 10g

B
- トマトケッチャップ …… 大さじ1
- コンソメ顆粒 …… 小さじ1

塩 …… 少々
イタリアンパセリ（刻む）…… 適量

作り方

1. 米は洗ってざるにあげ、10分ほど置く。鶏肉は2～3cm角に切り、Aをもみ込んで5分置く。玉ねぎ、エリンギ、トマトは粗みじん切りにする。

2. ストウブにバターを入れて中火で熱し、玉ねぎを炒める。しんなりしたら鶏肉、エリンギを加えて炒め、米を加える。

3. Bを加えて炒め、全体が混ざったら水360mℓ弱（分量外）を加え、ふたをする。ふたの隙間から蒸気が上がってきたら（ふたを開けてグツグツしていたらOK）、弱火にして10分加熱する。

4. 火を止めてトマトを加え、ふたをして10分蒸らす。

5. 全体を混ぜて塩で味をととのえ、パセリをのせる。

アレンジ

ゆでたひよこ豆や刻んだドライいちじくを一緒に炊き込んでもおいしくなります。ナンプラーを加えると東南アジア風のごはんに。

STAUB
STAUB

ほたてとレタスのエスニックごはん

ナンプラーの香りとほたての風味が楽しめるカラフルごはん。
ほたては缶汁ごと加えて旨みを最大限にいかします。
余熱で火を通したシャキシャキのレタスが食感のアクセントに。

材料（作りやすい分量）

米 …… 2合
ほたて貝柱（水煮・缶詰）…… 100g
レタス …… 2〜3枚
赤ピーマン …… ½個
A
- にんにく、しょうが（各みじん切り）…… 各小さじ½
- 酒、ナンプラー …… 各大さじ1

ナンプラー …… 適量
粗びきこしょう …… 少々
香菜 …… 適量

作り方

1. 米は洗ってざるにあげ、10分ほど置く。ストウブに米、水1と½カップ（分量外）、ほたてを缶汁ごと加えて20分ほど浸水させる。

2. レタスは細切り、ピーマンはせん切りにする。

3. **1**にAを加えてふたをし、中火にかける。ふたの隙間から蒸気が上がってきたら（ふたを開けてグツグツしていたらOK）弱火にし、10分加熱する。

4. 火を止めてピーマンを加え、10分蒸らす。

5. レタスを加えて全体を混ぜ、ナンプラーで味をととのえる。こしょうをふり、香菜を添える。

アレンジ

乾燥のするめいかやほたての貝柱を手で裂いて一緒に炊き込むと、だしが出て旨みたっぷりに炊きあがります。

おかゆ＋トッピング2種

「ゆっくりコトコト」が基本のおかゆこそ、ストウブで作りたい！
火が緩やかにまわり、やわらかいのにお米の粒はしっかり残ります。
一緒に食べたいおかゆのお供も、ストウブで簡単に作れるものばかり。

おかゆ

材料（作りやすい分量）

米 …… 1合
水 …… 720mℓ＋540mℓ

作り方

1. 米は洗ってざるにあげ、10分ほど置く。

2. ストウブに米と水720mℓを入れて20分ほど浸水させる。

3. 中火にかけて沸いたら弱火にし、ふたをして20分炊く。

4. 水540mℓを加えて中火にし、フツフツしてきたら弱火にしてふたをして、さらに20分炊く。実山椒のつくだ煮（分量外）、トッピング（下記）などを添えていただく。

トッピング2種

なすみそ　材料

なす …… 3本
ごま油 …… 大さじ1
にんにく、しょうが（各みじん切り）…… 各小さじ½
A
- 青唐辛子（小口切り）…… 1本分
- みそ、みりん、酒 …… 各大さじ2
- 砂糖、しょうゆ …… 各小さじ1

しそ …… 5枚

作り方

1. ストウブになすと水大さじ2（分量外）を入れて中火にかけ、フツフツとしてきたらふたをして5分ほど加熱する。そのまま火を止めて粗熱を取る。取り出して皮をむき、粗く刻む。

2. ストウブにごま油、にんにく、しょうがを入れて中火で熱し、香りが立ったらなすを入れて炒める。

3. しんなりしたらAを加え、5分ほど炒めながら煮詰めて火を止める。

4. 粗熱が取れたらしそを刻んで混ぜる。

あじみそ　材料

あじの干物 …… 1枚
酒 …… 大さじ3
A
- みそ …… 大さじ2〜3
- みりん …… 大さじ½
- 白ごま …… 小さじ1

作り方

1. ストウブに酒を煮立て、あじを入れてふたをし、弱火で2分加熱する。

2. 粗熱が取れたら取り出して、身をほぐし、Aを合わせてよく混ぜる。

これもおすすめ
おかゆのレシピ

中華風のおかゆ

米と4倍の水をストウブに入れ、途中で3倍の水を足しながら米が踊るくらいの火加減でグツグツ炊きます。器に、ごま油としょうゆに漬けた鯛の刺身を入れ、上からおかゆを注ぎます。白髪ねぎや、オイスターソースと酢のソースを添えていただきます。

PART 5

豆のレシピ

ゆでるのに時間がかかる、乾燥豆。
ストウブでゆでると、重量のあるふたが水蒸気を逃がさず、
さし水の量を減らせます。
そのおかげで、豆本来の濃厚な味わいが楽しめます。

豆の基本のゆで方
（豆200gをさっと洗ってから使う）

大豆

❶水に一晩つけ、その水ごとストウブに入れて中火にかける。沸いたらアクを取り、10分煮たらゆでこぼす。❷鍋に戻し、水4カップを加えて中火にかけ、フツフツとしてきたら弱火にし、ふたをして40分ほどゆでる（途中水分がなくなるようなら、ひたひたを保つ程度の水を加える）。火を止めてそのまま粗熱を取る。

ひよこ豆

❶3倍の水に一晩（急ぐ場合は4〜5時間）つける。ざるにあげて水4カップとともにストウブに入れて中火にかける。❷沸いたらアクを取り、弱火にして塩小さじ¼を加え、ふたをして40分ほど煮る。好みの固さになったら、火を止めてそのまま粗熱を取る。

レンズ豆

❶3倍の水に1時間ほどつけてざるにあげる。ストウブに水4カップと塩少々を入れて中火にかけ、沸いたらレンズ豆を加える。❷再び沸いたらアクを取り、弱火にしてふたを少しずらしてのせ、15分ほどゆでる。好みの固さになったらざるにあげる。

金時豆

❶4倍の水に半日から一晩つけ、その水ごとストウブに入れて中火にかける。沸いたらアクを取り、塩小さじ¼を加える。❷弱火にしてふたをし、50分ほどゆでる。好みの固さになっていたら火を止め、そのまま粗熱を取る。

＊すぐに使わない豆は小分けにして冷凍しておくと便利です。

レンズ豆のサラダ

レンズ豆は水で戻す時間が短く、短時間でゆであがる便利な豆。
野菜と一緒にサラダにすれば、たっぷり食べられます。
豆自体にくせがないので、カレー粉で風味づけをします。

材料（2人分）

レンズ豆（ゆでたもの）…… 100g
紫玉ねぎ …… ¼個
ミニトマト …… 6個
黄パプリカ …… ¼個
アボカド …… ½個
きゅうり …… ½本
A
- オリーブオイル、レモン汁 …… 各大さじ2
- マヨネーズ …… 大さじ1
- 塩 …… 小さじ½
- 粗びきこしょう …… 少々
- カレー粉、はちみつ …… 各小さじ½

粗びきこしょう …… 少々

作り方

1. 紫玉ねぎは薄切りにし、冷水に5分ほど放し、もみ洗いをして水気をよくきる。ミニトマトは半分に切り、残りの野菜は1.5㎝角に切る。

2. ボウルにAを合わせて1とレンズ豆を加えてよく和える。器に盛り、こしょうをふる。

ひよこ豆とほうれん草のカレー

ストウブが素材の味をじんわり引き出してくれるから、
豆と野菜で煮込むだけでも、旨みは十分。
ルウは使わず、カレー粉やスパイスでピリッと味をまとめます。

材料（2人分）

ひよこ豆（ゆでたもの・p.115参照）
……100～120g
玉ねぎ……中1個
にんにく……½片
エリンギ……½パック（50g）
ほうれん草……100g
サラダ油……大さじ2
クミンシード（あれば）……小さじ½
A
- トマトケチャップ……大さじ1～2
- カレー粉……大さじ1と½
- 塩……小さじ½
- コンソメ顆粒……小さじ1と½

トマトの水煮（ホール・缶詰）
……½缶（200g）
B
- ガラムマサラ……小さじ½
- ヨーグルト……大さじ2

ごはん……適量

作り方

1. 玉ねぎ、にんにくはみじん切りにする。エリンギは乱切り、ほうれん草は2cm長さに切る。

2. 鍋にサラダ油、クミンシード、にんにくを入れて中火にかけ、香りが立ったら玉ねぎを炒める。

3. 玉ねぎがあめ色になったらエリンギ、Aを加えて炒め、トマトの水煮を入れて崩しながら炒める。

4. ひよこ豆、水1カップ（分量外）を加えて沸いたら弱火にし、ふたをして10分ほど煮る。

5. ほうれん草を加えてひと煮立ちさせ、Bを加えて混ぜる。塩少々（分量外）で味をととのえ、ごはんとともに器に盛る。

これもおすすめ
ひよこ豆のレシピ

ひよこ豆のカレー風味スープ

ゆでたひよこ豆をストウブに入れて、木べらなどで粗くつぶします。つぶし加減はお好みで。そこにカレー粉とチキンスープを加えて煮立て、最後に塩、こしょうで味をととのえます。

大豆の中華炒め

ほっくりと甘い大豆にXO醤の濃厚な味わいを絡めた、お酒がすすむ一品。
食感よく炒めたにんにくの芽やねぎのおいしさもあとを引きます。
仕上げに白髪ねぎや香菜をトッピングしても。

材料（2人分）

大豆（ゆでたもの・p.115参照）
……100g
にんにく……½片
にんにくの芽……80g
長ねぎ……½本
しいたけ……2枚
ごま油……小さじ2
A
- XO醤……大さじ1
- 紹興酒、オイスターソース……各小さじ1
- 黒酢……小さじ2
- 砂糖……小さじ½
- こしょう……少々

作り方

1. にんにくはみじん切りにする。にんにくの芽は6cm長さに切る。長ねぎは小口切り、しいたけは薄切りにする。Aは合わせておく。

2. ストウブにごま油、にんにくを入れて中火にかけ、香りが立ったら**1**と大豆を炒める。ふたをして1分加熱する。

3. 合わせたAを加えて調味し、火を止める。

これもおすすめ

大豆のレシピ

大豆パテ

ストウブでゆでた大豆をミキサーにかけてペースト状にし、ツナ缶、サワークリームを混ぜてパテに。パンやクラッカーにのせたり、野菜のディップとしても楽しめます。

金時豆のチリコンカン

豆と肉をスパイシーに煮込んだ、パンにもごはんにも合うメニュー。
トマト缶の水分をしっかり煮詰めると、旨みが凝縮されて美味。
豆は、大豆やひよこ豆など家にあるものでもOK！

材料（2人分）

金時豆（ゆでたもの・p.115参照）……80～100g
玉ねぎ……中½個
にんにく……½片
トマト……1個
合びき肉……200g
オリーブオイル……小さじ1
A
- チリパウダー……小さじ2
- オレガノ（ドライ）……小さじ1
- 塩……小さじ½
- 粗びきこしょう……少々
- コンソメ顆粒……小さじ½
- ウスターソース……大さじ1

赤ワイン……¼カップ
トマトの水煮（缶詰・ホール）……½缶（200g）
塩……少々
紫玉ねぎ（みじん切り）……適量
パン（好みのもの）……適量

作り方

1. 玉ねぎ、にんにくはみじん切りにする。トマトは1㎝角に切る。

2. ストウブにオリーブオイル、にんにくを入れて中火で熱し、香りが立ったら玉ねぎを炒める。

3. しんなりしたら合びき肉を加えて炒め、肉の色が変わったらAを順に加えて炒める。

4. 赤ワイン、トマトの水煮、金時豆を加え、トマトをつぶしながら混ぜ、沸いたら弱火にし、ふたを少しずらしてのせ、10分ほど煮る。**1**のトマトを加えてひと煮立ちさせ、塩で味をととのえる。器に盛り、紫玉ねぎをのせる。好みでパンを添える。

アレンジ

切り目を入れたドッグパンに、せん切りにしたレタスと、ソーセージ、たっぷりのチリコンカンをのせて、ピリ辛ホットドッグに。熱々のごはんにかけて、半熟の目玉焼きをのせれば、ロコモコ風の丼になります。

column

ストウブで作る甘いもの

やさしくナチュラルな味わいが魅力の、
シンプルなスイーツはいかがですか？
（作り方は次のページで紹介しています。）

あずきとゆずの
コンフィチュール

りんごのコンポート

オレンジ
ジンジャー
シロップ
（ソーダ割り）
まるごと
イチゴジャム
ミルクジャム

あずきとゆずのコンフィチュール

弱火でゆっくり火を通したあずきは、ふっくらとやわらかな口あたり。
控えめな甘さとほんのり香るゆずが大人っぽい味わいです。

材料（作りやすい分量）

あずき …… 200g
砂糖 …… 200g
塩 …… ひとつまみ
ゆず皮（刻み）…… 適量

作り方

1. あずきはさっと洗ってストウブに入れ、水3カップ（分量外）を加えて中火にかける。

2. 沸いたら弱火にし、10分ゆでてざるにあげる。

3. ストウブにあずきを戻し入れ、水4カップ（分量外）を加えて中火にかけ、沸いたら弱火にし、ふたをして1時間ほど煮る。途中煮詰まるようなら水½カップを目安に数回足す。

4. 砂糖の半量を加えて10分煮たら、残りの半量を足して20分煮る。塩を加える。

5. 火を止めて、そのまま冷まし、刻んだゆず皮を混ぜる（冷蔵で1週間保存可）。

りんごのコンポート

少ない水分で煮ることで、りんご本来の甘みを十分に引き出します。
りんごは丸ごと煮てもOK。洋梨や桃でも同様に作れます。

材料（2人分）

りんご …… 1個
レモン（国産）…… ½個
A
- グラニュー糖 …… 80g
- シナモンスティック …… 1本

コアントロー（あれば）
…… 大さじ1

作り方

1. りんごは皮つきのままよく洗って、8等分のくし切りにして芯を取る。レモンは輪切りにする。

2. ストウブにりんごと水1カップ（分量外）、Aを入れて中火で煮立て、ペーパーなどで落としぶたをする。

3. 弱火にしてふたをし、7〜8分煮る。ペーパーを取ってレモン、あればコアントローを加え、火を止める。

4. ふたをしてそのまま粗熱を取り、器に移して冷蔵庫で30分ほど冷やす。

材料をすべてストウブに入れたところ。水分の蒸発が少ないから、ひたひたよりも少ないシロップでもおいしく仕上がります。

オレンジジンジャーシロップ

オレンジとしょうがをスッキリ甘く煮た、さわやかなシロップです。
冷たいソーダで割ったり、紅茶に入れて楽しんでも。

材料（作りやすい分量）
オレンジ …… 4個
しょうが …… 50g
グラニュー糖 …… 150g
レモン汁 …… 1/2個分

作り方
1. オレンジは小房に分け、薄皮をむく。しょうがは皮をむいて薄切りにする。

2. ストウブに1とグラニュー糖を入れてまぶし、10分ほど置く。

3. 中火にかけて、沸いたら弱火にしてふたをし、10分煮る。

4. 火を止めてレモン汁を加えてそのまま粗熱を取り、冷蔵庫で冷やす（冷蔵で2週間保存可）。

まるごとイチゴジャム

いちごをまるごとぜいたくに使った、旬の時期だけのお楽しみジャム。
コトコト煮詰めて、甘酸っぱい香りを閉じ込めます。

材料（作りやすい分量）
いちご …… 正味600g
グラニュー糖 …… 250g
レモン汁 …… 1/2個分
コアントロー（あれば）
…… 大さじ1

作り方
1. いちごは洗ってへたを取り、ストウブに入れてグラニュー糖をまぶして20分ほど置く。

2. 中火にかけて沸いたらアクを取り、全体を混ぜて弱火で40～45分煮る。

3. レモン汁、あればコアントローを加えて混ぜ、火を止める。冷めたら容器に移し、冷蔵庫で保存する（冷蔵で2週間保存可）。

ミルクジャム

とろみづけに加える寒天が、なめらかな食感の秘密。
パンにぬるだけでなく、季節のフルーツに添えてもおいしい。

材料（作りやすい分量）
牛乳 …… 1と1/2カップ
生クリーム …… 1カップ
グラニュー糖 …… 120g
粉寒天 …… 小さじ1/4

作り方
1. ストウブにすべての材料を入れて中火にかける。

2. 沸いたら弱火にし、40～45分ほど煮詰める。とろみがついてきたら木べらなどで時々かき混ぜる。

3. 火を止めてそのまま冷まし、粗熱が取れたら容器に移し冷蔵庫で保存する（冷蔵で2週間保存可）。

ずっと大切に使いたいから
知っておきたいストウブのこと

ストウブを長く使うには、いくつか気をつけたいポイントがあります。
とはいえ、いずれもストウブの特性を理解していれば難しいことではありません。
ほんの少しだけ気をつかってあげて、一生の相棒になってもらいましょう。

急な強火はNG。弱火から中火でゆっくりと加熱しましょう

ストウブは急激な温度変化でいたんでしまうことがあります。温める際、厚手のため時間がかかりますが、焦って強火にせずに弱火から中火でゆっくりと温めましょう。食材を入れてからも、ストウブが温まっているので、弱火から中火で十分。使い終わった熱々の鍋をすぐに水で洗うのも避けましょう。

ストウブはデリケート。金属の道具は避けて、空焚きもしないように

金属のおたまやフライ返しなどは、内側の加工を傷つけてしまいます。調理器具は、木製やシリコン製のものがおすすめです。また、長時間の空焚きも破損の恐れがあるので避けましょう。

ふたや取っ手を触るときは鍋つかみを使って

ストウブのふたは、つまみが金属性なので、加熱するとつまみまで熱くなります。取っ手は本体と同じ材質のため、こちらも加熱すると高温に。つかむときは、必ず鍋つかみを使いましょう。また、ふたを取ったとき、ふたの裏にたまった水蒸気で油がはねることがあるのでご注意を。

使い終わったらスポンジで洗いましょう

使い終わったら、中性洗剤をつけたスポンジで洗います。もし焦げついてしまったら、お湯につけてから洗いましょう。金属たわしや研磨剤、漂白剤などは、ホウロウ加工を傷つける原因になるので厳禁です。使い込んでいくうちに焦げつきにくくなっていくのも、ストウブを使う楽しみです。

洗ったらふきんで水気を取って、ピカピカに

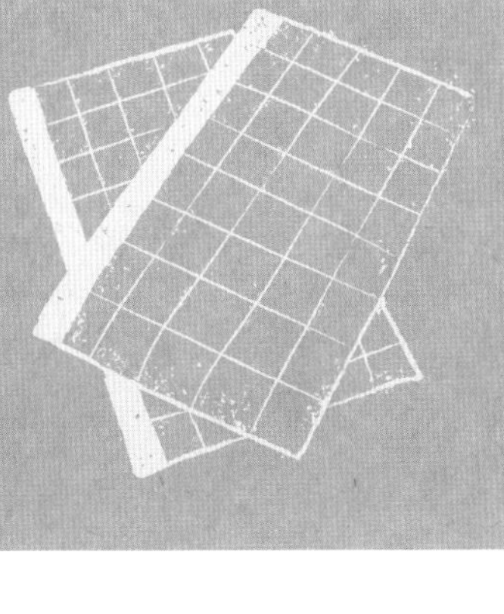

洗ったストウブは布で水気をふき取ります。本体、ふたとも、ホウロウのかかっていない縁がさびやすいので、ここはとくにしっかりとふくのがポイント。また、表面もピカピカにふき上げておくと、水垢がついてしまうことも避けられます。

みない きぬこ

女子栄養大学を卒業後、枝元なほみさんのアシスタントを経て、料理研究家として独立。素材のよさをいかしたシンプルかつオリジナリティあふれるレシピに定評がある。雑誌、テレビ、ケータリングなど幅広く活動。

staff

撮影　栗林成城
スタイリング　中村麻貴子
デザイン　GRiD（釜内由紀江、石川幸彦）
原稿協力　小笠原章子
企画・編集　株式会社童夢

撮影協力　ストウブ
（ツヴィリング J.A. ヘンケルスジャパン）
0120-75-7155
http://www.staub.jp

はじめてのストウブ

●協定により検印省略
著　者　みないきぬこ
発行者　池田 豊
印刷所　図書印刷株式会社
製本所　図書印刷株式会社
発行所　株式会社池田書店
〒162-0851 東京都新宿区弁天町43番地
電話03-3267-6821（代）
振替00120-9-60072

ISBN978-4-262-12983-9

1603302